TROIS CONTES CRUELS

VILLIERS DE L'ISLE ADAM

TROIS CONTES CRUELS

GRAVURES SUR BOIS

DE

LABOUREUR

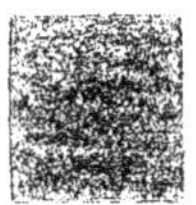

A PARIS

AUX DÉPENS DE LA SOCIÉTÉ

DE LA GRAVURE SUR BOIS ORIGINALE

MCMXXVII

LES DEMOISELLES
DE BIENFILATRE

A Monsieur Théodore de Banville.

De la lumière !...
Dernières paroles de Gœthe.

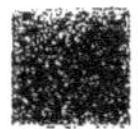

PASCAL nous dit qu'au point de vue des faits, le Bien et le Mal sont une question de « latitude ». En effet, tel acte humain s'appelle crime, ici, bonne action là-bas, et réciproquement. — Ainsi, en Europe, l'on chérit, généralement, ses vieux parents ; — en certaines tribus de l'Amérique on leur persuade de monter sur un arbre ; puis on secoue cet arbre. S'ils tombent, le devoir sacré de tout bon fils est, comme autrefois chez les Messéniens, de les assommer sur-le-champ à grands coups de tomahawk, pour leur épargner les soucis de la décrépitude. S'ils trouvent la force de se cramponner à quelque branche, c'est qu'alors ils sont encore bons à la chasse ou à la pêche, et alors on sursoit à leur immolation. Autre exemple : chez les peuples du Nord, on aime à boire le vin, flot rayonnant où dort le cher soleil. Notre religion

nationale nous avertit même que « le bon vin réjouit
le cœur ». Chez le mahométan voisin, au sud, le
fait est regardé comme un grave délit. — A Sparte,
le vol était pratiqué et honoré : c'était une institution
hiératique, un complément indispensable à l'éducation de tout Lacédémonien sérieux. De là, sans
doute, les grecs.

— En Laponie, le père de famille tient à honneur que sa fille soit l'objet de toutes les gracieu-
setés dont peut disposer le voyageur admis à son
foyer. En Bessarabie aussi.

— Au nord de la Perse, et chez les peuplades
du Caboul, qui vivent dans de très anciens tom-
beaux, si, ayant reçu, dans quelque sépulcre con-
fortable, un accueil hospitalier et cordial, vous
n'êtes pas, au bout de vingt-quatre heures, du
dernier mieux avec toute la progéniture de votre
hôte, guèbre, parsi ou wahabite, il y a lieu d'es-
pérer qu'on vous arrachera tout bonnement la
tête, — supplice en vogue dans ces climats. Les
actes sont donc indifférents en tant que physiques :
la conscience de chacun les fait, seule, bons ou
mauvais. Le point mystérieux qui gît au fond de
cet immense malentendu est cette nécessité native
où se trouve l'Homme de se créer des distinctions
et des scrupules, de s'interdire telle action plutôt
que telle autre, selon que le vent de son pays lui
aura soufflé celle-ci ou celle-là : l'on dirait, enfin,
que l'Humanité tout entière a oublié et cherche
à se rappeler, à tâtons, on ne sait quelle Loi
perdue.

Il y a quelques années, florissait, orgueil de nos

boulevards, certain vaste et lumineux café, situé presque en face d'un de nos théâtres de genre, dont le fronton rappelle celui d'un temple païen. Là, se réunissait quotidiennement l'élite de ces jeunes gens qui se sont distingués depuis, soit par leur valeur artistique, soit par leur incapacité, soit par leur attitude dans les jours troubles que nous avons traversés.

Parmi ces derniers, il en est même qui ont tenu les rênes du char de l'État. Comme on le voit, ce n'était pas de la petite bière que l'on trouvait dans ce café des Mille et une nuits. Le bourgeois de Paris ne parlait de ce pandémonium qu'en baissant le ton. Souventes fois, le préfet de la ville y jetait, négligemment, en manière de carte de visite, une touffe choisie, un bouquet inopiné de sergents de ville ; ceux-ci, de cet air distrait et souriant qui les distingue, y époussetaient alors, en se jouant, du bout de leurs sorties-de-bal, les têtes espiègles et mutines. C'était une attention qui, pour être délicate, n'en était pas moins sensible. Le lendemain, il n'y paraissait plus.

Sur la terrasse, entre la rangée de fiacres et le vitrage, une pelouse de femmes, une floraison de chignons échappés du crayon de Guys, attifées de toilettes invraisemblables, se prélassaient sur les chaises, auprès des guéridons de fer battu peints en vert espérance. Sur ces guéridons étaient délivrés des breuvages. Les yeux tenaient de l'émerillon et de la volaille. Les unes conservaient sur leurs genoux un gros bouquet, les autres un petit chien, les autres rien. Vous eussiez dit qu'elles attendaient quelqu'un.

Parmi ces jeunes femmes, deux se faisaient remarquer par leur assiduité; les habitués de la salle célèbre les nommaient, tout court, Olympe, et Henriette. Celles-là venaient dès le crépuscule, s'installaient dans une anfractuosité bien éclairée, réclamaient, plutôt par contenance que par besoin réel, un petit verre de vespétro ou un « mazagran », puis surveillaient le passant d'un œil méticuleux.

Et c'étaient les demoiselles de Bienfilâtre !

Leurs parents, gens intègres, élevés à l'école du malheur, n'avaient pas eu le moyen de leur faire goûter les joies d'un apprentissage : le métier de ce couple austère consistant, principalement, à se suspendre, à chaque instant, avec des attitudes désespérées, à cette longue torsade qui correspond à la serrure d'une porte cochère. Dur métier ! et pour recueillir, à peine et clairsemés, quelques deniers à Dieu !!! Jamais un terne n'était sorti pour eux à la loterie ! Aussi Bienfilâtre maugréait-il, en se faisant, le matin, son petit caramel. Olympe et Henriette, en pieuses filles, comprirent, de bonne heure, qu'il fallait intervenir. Sœurs de joie depuis leur plus tendre enfance, elles consacrèrent le prix de leurs veilles et de leurs sueurs à entretenir une aisance modeste, il est vrai, mais honorable dans la loge. — « Dieu bénit nos efforts », disaient-elles parfois, car on leur avait inculqué de bons principes et, tôt ou tard, une première éducation, basée sur des principes solides, porte ses fruits. Lorsqu'on s'inquiétait de savoir si leurs labeurs, excessifs quelquefois, n'altéraient pas leur santé, elles répondaient, évasivement, avec cet air doux et

embarrassé de la modestie et en baissant les yeux :
« Il y a des grâces d'état... »

Les demoiselles de Bienfilâtre étaient, comme
on dit, de ces ouvrières « qui vont en journée la
nuit ». Elles accomplissaient aussi dignement que
possible, (vu certains préjugés du monde), une
tâche ingrate, souvent pénible. Elles n'étaient pas
de ces désœuvrées qui proscrivent, comme dés-

honorant, le saint calus du travail, et n'en rougissaient point. On citait d'elles plusieurs beaux traits dont la cendre de Monthyon avait dû tressaillir dans son beau cénotaphe. — Un soir, entre autres, elles avaient rivalisé d'émulation et s'étaient surpassées elles-mêmes pour solder la sépulture d'un vieux oncle, lequel ne leur avait cependant légué que le souvenir de taloches variées dont la distribution avait eu lieu naguère, aux jours de leur enfance. Aussi étaient-elles vues d'un bon œil par tous les habitués de la salle estimable, parmi lesquelles se trouvaient des gens qui ne transigeaient pas. Un signe amical, un bonsoir de la main répondaient toujours à leur regard et à leur sourire. Jamais personne ne leur avait adressé un reproche ni une plainte. Chacun reconnaissait que leur commerce était doux, affable. Bref, elles ne devaient rien à personne, faisaient honneur à tous leurs engagements et pouvaient, par conséquent, porter haut la tête. Exemplaires, elles mettaient de côté pour l'imprévu, pour « quand les temps seraient durs », pour se retirer honorablement des affaires un jour. — Rangées, elles fermaient le dimanche. En filles sages, elles ne prêtaient point l'oreille aux propos des jeunes muguets, qui ne sont bons qu'à détourner les jeunes filles de la voie rigide du devoir et du travail. Elles pensaient qu'aujourd'hui la lune seule est gratuite en amour. Leur devise était : « Célérité, Sécurité, Discrétion » ; et, sur leurs cartes de visite, elles ajoutaient : « Spécialités ».

Un jour, la plus jeune, Olympe, tourna mal. Jusqu'alors irréprochable, cette malheureuse enfant écouta les tentations auxquelles l'exposait plus que d'autres (qui la blâmeront trop vite peut-être) le milieu où son état la contraignait de vivre. Bref, elle fit une faute ; — elle aima.

Ce fut sa première faute ; mais qui donc a sondé l'abîme où peut nous entraîner une première faute ? Un jeune étudiant, candide, beau, doué d'une âme artiste et passionnée, mais pauvre comme Job, un nommé Maxime, dont nous taisons le nom de famille, lui conta des douceurs et la mit à mal.

Il inspira la passion céleste à cette pauvre enfant qui, vu sa position, n'avait pas plus de droits à l'éprouver qu'Ève à manger le fruit divin de l'Arbre de la Vie. De ce jour, tous ses devoirs furent oubliés. Tout alla sans ordre et à la débandade. Lorsqu'une fillette a l'amour en tête, va te faire lanlaire !

Et sa sœur, hélas ! cette noble Henriette, qui maintenant pliait, comme on dit, sous le fardeau ! Parfois, elle se prenait la tête dans les mains, doutant de tout, de la famille, des principes, de la Société même ! — « Ce sont des mots ! » criait-elle. Un jour elle avait rencontré Olympe vêtue d'une petite robe noire, en cheveux, et une petite jatte de fer-blanc à la main. Henriette, en passant, sans faire semblant de la reconnaître, lui avait dit très bas : « Ma sœur, votre conduite est inqualifiable ! Respectez, au moins, les apparences ! »

Peut-être par ces paroles, espérait-elle un retour vers le bien.

Tout fut inutile. Henriette sentit qu'Olympe était perdue ; elle rougit et passa.

Le fait est qu'on avait jasé dans la salle honorable. Le soir, lorsque Henriette arrivait seule, ce n'était plus le même accueil. Il y a des solidarités. Elle s'apercevait de certaines nuances, humiliantes. On lui marquait plus de froideur depuis la nouvelle de la malversation d'Olympe. Fière, elle souriait comme le jeune Spartiate dont un renard déchirait la poitrine, mais en ce cœur sensible et droit, tous ces coups portaient. Pour la vraie délicatesse, un rien fait plus de mal souvent, que l'outrage grossier, et, sur ce point, Henriette était d'une sensibilité de sensitive. Comme elle dut souffrir !

Et le soir donc, au souper de la famille ! Le père et la mère, baissant la tête, mangeaient en silence. On ne parlait point de l'absente. Au dessert, au moment de la liqueur, Henriette et sa mère, après s'être jeté un regard, à la dérobée, et avoir essuyé une larme respective, avaient un muet serrement de main sous la table. Et le vieux portier, désaccordé, tirait alors le cordon, sans motif, pour dissimuler quelque pleur. Parfois, brusque et en détournant la tête, il portait la main à sa boutonnière comme pour en arracher de vagues décorations.

Une fois, même, le suisse tenta de recouvrer sa fille. Morne, il prit sur lui de gravir les quelques étages du jeune homme. Là : — « Je désirerais ma pauvre enfant ! sanglota-t-il. — Monsieur, répondit Maxime, je l'aime, et vous prie de m'accorder sa main. — Misérable ! » s'était exclamé Bienfilâtre en s'enfuyant, révolté de ce « cynisme ».

Henriette avait épuisé le calice. Il fallait une dernière tentative ; elle se résigna donc à risquer tout, même le scandale. Un soir elle apprit que la déplorable Olympe devait venir au café régler une ancienne petite dette : elle prévint sa famille, et l'on se dirigea vers le café lumineux.

Pareille à la Mallonia déshonorée par Tibère et se présentant devant le Sénat romain pour accuser son violateur, avant de se poignarder en son désespoir, Henriette entra dans la salle des austères. Le père et la mère, par dignité, restèrent à la porte. On prenait le café. A la vue d'Henriette, les physionomies s'aggravèrent d'une certaine sévérité ; mais comme on s'aperçut qu'elle voulait parler, les longues plaquettes des journaux s'abaissèrent sur les tables de marbre et il se fit un religieux silence : il s'agissait de juger.

L'on distinguait dans un coin, honteuse et se faisant presque invisible, Olympe et sa petite robe noire, à une petite table isolée.

Henriette parla. Pendant son discours, on entrevoyait, à travers le vitrage, les Bienfilâtre inquiets, qui regardaient sans entendre. A la fin, le père n'y put tenir ; il entre-bâilla la porte, et, penché, l'oreille au guet, la main sur le bouton de la serrure, il écoutait.

Et des lambeaux de phrases lui arrivaient lorsque Henriette élevait un peu la voix : — « L'on se devait à ses semblables !... Une telle conduite... C'était se mettre à dos tous les gens sérieux... Un galopin qui ne lui donne pas un radis !... Un vaurien !... — L'ostracisme qui pesait sur elle... Dégager sa responsabilité... Une fille qui a jeté son bonnet par-dessus les moulins !... qui baye aux grues..., qui, naguère encore... tenait le haut du

pavé... Elle espérait que la voix de ces messieurs, plus autorisée que la sienne, que les conseils de leur vieille expérience éclairée... ramèneraient à des idées plus saines et plus pratiques... On n'est pas sur la terre pour s'amuser!... Elle les suppliait de s'entremettre... Elle avait fait appel à des souvenirs d'enfance!... à la voix du sang! Tout avait été vain... Rien ne vibrait plus en elle. Une fille perdue! — Et quelle aberration!... Hélas! »

A ce moment, le père entra, courbé, dans la salle honorable. A l'aspect du malheur immérité, tout le monde se leva. Il est de certaines douleurs qu'on ne cherche pas à consoler. Chacun vint, en silence, serrer la main du digne vieillard, pour lui témoigner, discrètement, de la part qu'on prenait à son infortune.

Olympe se retira, honteuse et pâle. Elle avait hésité un instant, se sentant coupable, à se jeter dans les bras de la famille et de l'amitié, toujours ouverts au repentir. Mais la passion l'avait emporté. Un premier amour jette dans le cœur de profondes racines qui étouffent jusqu'aux germes des sentiments antérieurs.

Toutefois l'esclandre avait eu, dans l'organisme d'Olympe, un retentissement fatal. Sa conscience, bourrelée, se révoltait. La fièvre la prit le lendemain. Elle se mit au lit. Elle *mourait de honte*, littéralement. Le moral tuait le physique : la lame usait le fourreau.

Couchée dans sa petite chambrette, et sentant les approches du trépas, elle appela. De bonnes âmes voisines lui amenèrent un ministre du ciel. L'une d'entre elles émit cette remarque qu'Olympe était faible et avait besoin de prendre des *fortifi-cations*. Une fille à tout faire lui monta donc un potage.

Le prêtre parut.

Le vieil ecclésiastique s'efforça de la calmer par des paroles de paix, d'oubli et de miséricorde.

— J'ai eu un amant!... murmurait Olympe, s'accusant ainsi de son déshonneur.

Elle omettait toutes les peccadilles, les murmures, les impatiences de sa vie. Cela, seulement, lui venait à l'esprit : c'était l'obsession. « Un amant! Pour le plaisir! Sans rien gagner! » Là était le crime.

Elle ne voulait pas atténuer sa faute en parlant de sa vie antérieure, jusque là toujours pure et toute d'abnégation. Elle sentait bien que là elle était irréprochable. Mais cette honte, où elle succombait, d'avoir fidèlement gardé de l'amour à un jeune homme sans position, et qui, suivant l'expression exacte et vengeresse de sa sœur, ne lui donnait pas un radis! Henriette, qui n'avait jamais failli, lui apparaissait comme dans une gloire. Elle se sentait condamnée et redoutait les foudres du souverain juge, vis-à-vis duquel elle pouvait se trouver face à face, d'un moment à l'autre.

L'ecclésiastique, habitué à toutes les misères humaines, attribuait au délire certains points qui lui paraissaient inexplicables, — diffus même, — dans la confession d'Olympe. Il y eut là, peut-être, un quiproquo, certaines expressions de la pauvre enfant ayant rendu l'abbé rêveur, deux ou trois fois. Mais le repentir, le remords, étant le point unique dont il devait se préoccuper, peu importait

le *détail* de la faute ; la bonne volonté de la péni-
tente, sa douleur sincère suffisaient. Au moment
donc où il allait élever la main pour absoudre, la
porte s'ouvrit bruyamment : c'était Maxime, splen-
dide, l'air heureux et rayonnant, la main pleine
de quelques écus et de trois ou quatre napoléons
qu'il faisait danser et sonner triomphalement. Sa
famille s'était exécutée à l'occasion de ses examens :
c'était pour ses inscriptions.

Olympe, sans remarquer d'abord cette significa-
tive circonstance atténuante, étendit, avec horreur,
ses bras vers lui.

Maxime s'était arrêté, stupéfait de ce tableau.

— Courage, mon enfant !... murmura le prêtre,
qui crut voir, dans le mouvement d'Olympe, un
adieu définitif à l'objet d'une joie coupable et
immodeste.

En réalité, c'était seulement le *crime* de ce jeune
homme qu'elle repoussait, — et ce crime était de
n'être pas « sérieux ».

Mais au moment où l'auguste pardon descendait
sur elle, un sourire céleste illumina ses traits inno-
cents : le prêtre pensa qu'elle se sentait sauvée et
que d'obscures visions séraphiques transparais-
saient pour elle sur les mortelles ténèbres de la
dernière heure. — Olympe, en effet, venait de
voir, vaguement, les pièces du métal sacré reluire
entre les doigts transfigurés de Maxime. Ce fut,
seulement, *alors,* qu'elle sentit les effets salutaires
des miséricordes suprêmes ! Un voile se déchira.
C'était le miracle ! Par ce signe évident, elle se
voyait pardonnée d'en haut, et rachetée.

Éblouie, la conscience apaisée, elle ferma les paupières comme pour se recueillir avant d'ouvrir ses ailes vers les bleus infinis. Puis ses lèvres s'entr'ouvrirent et son dernier souffle s'exhala, comme le parfum d'un lis, en murmurant ces paroles d'espérance : — « Il a éclairé ! »

VIRGINIE ET PAUL

A Mademoiselle Augusta Holmès.

> Per amica silentia lunæ.
> *Virgile.*

C'est la grille des vieux jardins du pensionnat. Dix heures sonnent dans le lointain. Il fait une nuit d'avril, claire, bleue et profonde. Les étoiles semblent d'argent. Les vagues du vent, faibles, ont passé sur les jeunes roses ; les feuillages bruissent, le jet d'eau retombe neigeux, au bout de cette grande allée d'acacias. Au milieu du grand silence, un rossignol, âme de la nuit, fait scintiller une pluie de notes magiques.

Alors que les seize ans vous enveloppaient de leur ciel d'illusions, avez-vous aimé une toute jeune fille ? Vous souvenez-vous de ce gant oublié sur une chaise, dans la tonnelle ? Avez-vous éprouvé le trouble d'une présence inespérée, subite ? Avez-vous senti vos joues brûler, lorsque, pendant les vacances, les parents souriaient de votre timidité l'un près de l'autre ? Avez-vous connu le doux infini de deux yeux purs qui vous regardaient avec une tendresse pensive ? Avez-vous touché, de vos lèvres, les lèvres d'une enfant tremblante et brusquement pâlie, dont le sein battait contre votre cœur oppressé de joie ? Les avez-vous gardées, au fond du reliquaire, les fleurs bleues cueillies le soir, près de la rivière, en revenant ensemble ?

Caché, depuis les années séparatrices, au plus profond de votre cœur, un tel souvenir est comme une goutte d'essence de l'Orient enfermée en un flacon précieux. Cette goutte de baume est si fine et si puissante que, si l'on jette le flacon dans votre tombeau, son parfum, vaguement immortel, durera plus que votre poussière.

Oh ! s'il est une chose douce, par un soir de solitude, c'est de respirer, encore une fois, l'adieu de ce souvenir enchanté !

Voici l'heure de l'isolement : les bruits du travail se sont tus dans le faubourg: mes pas m'ont conduit jusqu'ici, au hasard. Cette bâtisse fut, autrefois, une vieille abbaye. Un rayon de lune fait voir l'escalier de pierre, derrière la grille, et illumine à demi les vieux saints sculptés qui ont fait des miracles et qui, sans doute, ont frappé contre ces dalles leurs humbles fronts éclairés par la prière. Ici les pas des chevaliers de Bretagne ont résonné autrefois, alors que l'Anglais tenait encore nos cités angevines. — A présent, des jalousies vertes et gaies rajeunissent les sombres pierres des croisées et des murs. L'abbaye est devenue une pension de jeunes filles. Le jour, elles doivent y gazouiller comme des oiseaux dans les ruines. Parmi celles qui sont endormies, il est plus d'une enfant qui,

aux premières vacances de Pâques, éveillera dans
le cœur d'un jeune adolescent la grande impression
sacrée et peut-être que déjà... — Chut ! on a parlé !
Une voix très douce vient d'appeler (tout bas) :
« Paul !... Paul ! » Une robe de mousseline blanche,
une ceinture bleue ont flotté un instant près de ce
pilier. Une jeune fille semble parfois une appari-
tion. Celle-ci est descendue maintenant. C'est l'une

d'entre elles ; je vois la pèlerine du pensionnat et la croix d'argent du cou. Je vois son visage. La nuit se fond avec ses traits baignés de poésie! O cheveux si blonds d'une jeunesse mêlée d'enfance encore! O bleu regard dont l'azur est si pâle qu'il semble encore tenir de l'éther primitif!

Mais quel est ce tout jeune homme qui se glisse entre les arbres? Il se hâte ; il touche le pilier de la grille.

— Virginie! Virginie! c'est moi.

— Oh! plus bas! me voici, Paul!

Ils ont quinze ans tous les deux!

C'est un premier rendez-vous! C'est une page de l'idylle éternelle! Comme ils doivent trembler de joie l'un et l'autre! Salut, innocence divine! souvenir! fleurs ravivées!

— Paul, mon cher cousin!

— Donnez-moi votre main à travers la grille, Virginie. Oh! mais est-elle jolie, au moins! Tenez, c'est un bouquet que j'ai cueilli dans le jardin de papa. Il ne coûte pas d'argent, mais c'est de cœur.

— Merci, Paul. — Mais comme il est essoufflé! Comme il a couru!

— Ah! c'est que papa a fait une affaire, aujourd'hui, une affaire très belle! Il a acheté un petit bois à moitié prix. Des gens étaient obligés de vendre vite ; une bonne occasion. Alors, comme il était content de la journée, je suis resté avec lui pour qu'il me donnât un peu d'argent ; et puis je me suis pressé pour arriver à l'heure.

— Nous serons mariés dans trois ans, si vous passez bien vos examens, Paul!

— Oui, je serai un avocat. Quand on est un avocat, on attend quelques mois pour être connu. Et puis, on gagne, aussi, un peu d'argent.

— Souvent beaucoup d'argent !

— Oui. Est-ce que vous êtes heureuse au pensionnat, ma cousine ?

— Oh ! oui, Paul. Surtout depuis que madame Pannier a pris de l'extension. D'abord, on n'était pas si bien ; mais, maintenant, il y a ici des jeunes filles des châteaux. Je suis l'amie de toutes ces demoiselles. Oh ! elles ont de bien jolies choses. Et alors, depuis leur arrivée, nous sommes bien mieux, bien mieux, parce que madame Pannier peut dépenser un peu plus d'argent.

— C'est égal, ces vieux murs... Ce n'est pas très gai d'être ici.

— Si ! on s'habitue à ne pas les regarder. Mais, voyons, Paul, avez-vous été voir notre bonne tante ? Ce sera sa fête dans six jours ; il faudra lui écrire un *compliment*. Elle est si bonne !

— Je ne l'aime pas beaucoup, moi, ma tante ! Elle m'a donné, l'autre fois, de vieux bonbons du dessert, au lieu, enfin, d'un vrai cadeau : soit une jolie bourse, soit des petites pièces pour mettre dans ma tirelire.

— Paul, Paul, ce n'est pas bien. Il faut être toujours bien aimant avec elle et la ménager. Elle est vieille et elle nous laissera, aussi, un peu d'argent...

— C'est vrai. Oh ! Virginie, entends-tu ce rossignol ?

— Paul, prenez bien garde de me tutoyer quand nous ne serons pas seuls.

4

— Ma cousine, puisque nous devons nous marier! D'ailleurs, je ferai attention. Mais comme c'est joli le rossignol! Quelle voix pure et argentine!

— Oui, c'est joli, mais ça empêche de dormir. Il fait très doux, ce soir : la lune est argentée, c'est beau.

— Je savais bien que vous aimiez la poésie, ma cousine.

— Oh! oui! la Poésie!... j'étudie le piano.

— Au collège, j'ai appris toutes sortes de beaux vers pour vous les dire, ma cousine : je sais presque tout Boileau par cœur. Si vous voulez, nous irons souvent à la campagne quand nous serons mariés, dites?

— Certainement, Paul! D'ailleurs, maman me donnera, en dot, sa petite maison de campagne où il y a une ferme : nous irons là, souvent, passer l'été. Et nous agrandirons cela un peu, si c'est possible. La ferme rapporte aussi un peu d'argent.

— Ah! tant mieux. Et puis l'on peut vivre à la campagne pour beaucoup moins d'argent qu'à la ville. C'est mes parents qui m'ont dit cela. J'aime la chasse et je tuerai, aussi, beaucoup de gibier. Avec la chasse, on économise aussi un peu d'argent!

— Puis, c'est la campagne, mon Paul! Et j'aime tant tout ce qui est poétique!

— J'entends du bruit là-haut, hein?

— Chut! il faut que je remonte : madame Pannier pourrait s'éveiller. Au revoir, Paul.

— Virginie, vous serez chez ma tante dans six jours?... au dîner?... J'ai peur, aussi, que papa ne s'aperçoive que je me suis échappé, il ne me donnerait plus d'argent.

— Votre main, vite.

Pendant que j'écoutais, ravi, le bruit céleste d'un baiser, les deux anges se sont enfuis ; l'écho attardé des ruines vaguement répétait : « … De l'argent ! Un peu d'argent ! »

O jeunesse, printemps de la vie ! Soyez bénis, enfants, dans votre extase ! vous dont l'âme est simple comme la fleur, vous dont les paroles, évoquant d'autres souvenirs *à peu près* pareils à ce premier rendez-vous, font verser de douces larmes à un passant !

LE PLUS BEAU DINER
DU MONDE !

Un coup du Commandeur !
un coup de Jarnac !

Vieux dicton.

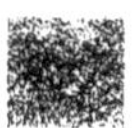

XANTHUS, le maître d'Ésope, déclara, sur la suggestion du fabuliste, que, s'il avait parié qu'il boirait la mer, il n'avait point parié de boire les fleuves qui « entrent dedans », pour me servir de l'aimable français de nos traducteurs universitaires.

Certes, une telle échappatoire était fort avisée ; mais, l'Esprit de progrès aidant, ne saurions-nous en trouver aujourd'hui, d'équivalentes ? de tout aussi ingénieuses ? — Par exemple :

« Retirez, au préalable, les poissons, qui ne sont point compris dans la gageure ; filtrez ! — Défalcation faite de ces derniers, la chose ira de soi. »

Ou, mieux encore :

« J'ai parié que je boirais la mer ! bien ; mais pas d'un seul trait ! Le sage ne doit jamais précipiter ses actions : je bois lentement. Ce sera

donc, simplement, *une goutte*, n'est-ce pas ? chaque
année. »

Bref, il est peu d'engagements qu'on ne puisse
tenir d'une certaine façon... et cette façon pourrait
être qualifiée de *philosophique*.

— « Le plus beau dîner du monde ! »

Telles furent les expressions dont se servit, *formellement*, Mᵉ Percenoix, l'ange de l'Emphytéose,
pour définir, d'une façon positive, le repas qu'il se
proposait d'offrir aux notabilités de la petite ville
de D***, où son étude florissait depuis trente ans
et plus.

Oui. Ce fut au cercle, — le dos au feu, les basques de son habit sous les bras, les mains dans les
poches, les épaules tendues et effacées, les yeux
au ciel, les sourcils relevés, les lunettes d'or sur les
plis de son front, la toque en arrière, la jambe
droite repliée sur la gauche et la pointe de son
soulier verni touchant à peine à terre, — qu'il
prononça ces paroles.

Elles furent soigneusement notées en la mémoire
de son vieux rival, Mᵉ Lecastelier, l'ange du Paraphernal, lequel, assis en face de Mᵉ Percenoix, le
considérait d'un œil venimeux, à l'abri d'un vaste
abat-jour vert.

Entre ces deux collègues, c'était une guerre
sourde depuis le lointain des âges ! Le repas
devenait le champ de bataille longuement étudié
par Mᵉ Percenoix et proposé par lui pour en finir.
Aussi Mᵉ Lecastelier, forçant à sourire l'acier terni
de sa face de couteau-poignard, ne répondit-il rien,
sur le moment. Il se sentait attaqué. C'était l'aîné :

il laissait Percenoix, son cadet, parler et s'engager comme une petite folle. — Sûr de lui, (mais prudent !), il voulait, avant d'accepter la lutte, se rendre un compte méticuleux des positions et des forces de l'ennemi.

Dès le lendemain, toute la petite ville de D°°° fut en rumeur. On se demandait quel serait le *menu* du dîner.

Évoquant des sauces oubliées, le receveur particulier se perdait en conjectures. Le sous-préfet calculait et prophétisait des *suprêmes* de phénix servis sur leurs cendres ; — des phénicoptères inconnus voletaient dans ses rêves. Il citait Apicius.

Le conseil municipal relisait Pétrone, le critiquait. Les notables disaient : « Il faut attendre », et calmaient un peu l'effervescence générale. Tous les invités, sur l'avis du sous-préfet, prirent des amers huit jours à l'avance.

Enfin, le grand jour arriva.

La Maison de M⁰ Percenoix était sise près des Promenades, à une portée de fusil de celle de son rival.

Dès quatre heures du soir, une haie s'était formée, devant la porte, sur deux rangs, pour voir venir les convives. Au coup de six heures, on les signala.

L'on s'était rencontré aux Promenades, comme par hasard, et l'on arrivait ensemble.

Il y avait, d'abord, le sous-préfet, donnant le bras à madame Lecastelier ; puis le receveur particulier et le directeur de la poste ; puis trois personnes d'une haute influence ; puis le docteur, donnant le bras au banquier ; puis une célébrité, l'*Introducteur du phylloxera en France ;* puis le proviseur de lycée, et quelques propriétaires fonciers. M⁰ Lecastelier fermait la marche, prisant, parfois, d'un air méditatif.

Ces messieurs étaient en habit noir, en cravate blanche, et montraient une fleur à leur boutonnière : madame Lecastelier, maigre, était en robe de soie couleur souris-qui-trotte, un peu montante.

Arrivés devant le portail, et à l'aspect des panonceaux qui brillaient des feux du couchant, les convives se retournèrent vers l'horizon magique : les arbres lointains s'illuminaient ; les oiseaux s'apaisaient dans les vergers voisins.

— Quel sublime spectacle ! s'écria l'*Introducteur du phylloxera* en embrassant, du regard, l'occident.

Cette opinion fut partagée par les convives, qui humèrent, un instant, les beautés de la Nature, comme pour en dorer le dîner.

L'on entra. Chacun retint son pas dans le vestibule, par dignité.

Enfin, les battants de la salle à manger s'entr'ouvrirent. Percenoix, qui était veuf, s'y tenait seul, debout, affable.

— D'un air à la fois modeste et vainqueur, il fit le geste circulaire de prendre place. De petits papiers portant le nom des convives étaient placés, comme des aigrettes, sur les serviettes pliées en forme de mitre. Madame Lecastelier compta du regard les convives, espérant que l'on serait treize à table : l'on était dix-sept.

— Ces préliminaires terminés, le repas com-

mença, d'abord silencieux ; on sentait que les convives se recueillaient et prenaient, comme on dit, leur élan.

La salle était haute, agréable, bien éclairée ; tout était bien servi. Le dîner était simple : deux potages, trois entrées, trois rôtis, trois entremets, des vins irréprochables, une demi-douzaine de plats divers, puis le dessert.

Mais tout était exquis !

De sorte que, en y réfléchissant, le dîner, eu égard aux convives et à leur nature, était, précisément, *pour eux* « le plus beau dîner du monde ! » Autre chose eût été de la fantaisie, de l'ostentation, — eût *choqué*. Un dîner différent eût, peut-être, été qualifié d'atellane, eût éveillé des idées d'inconvenance, d'orgie..., et madame Lecastelier se fût levée. Le plus beau dîner du monde n'est-il pas celui qui est à la pleine satisfaction du goût de ses convives ?

Percenoix triomphait. Chacun le félicitait avec chaleur.

Soudain, après avoir pris le café, M⁰ Lecastelier, que tout le monde regardait et plaignait sincèrement, se leva, froid, austère, et, avec lenteur, prononça ces paroles — au milieu d'un silence de mort :

— J'en donnerai *un* plus beau l'année prochaine.

Puis, saluant, il sortit avec sa femme.

M⁰ Percenoix s'était levé. Il calma, par son air digne, l'inexprimable agitation des convives et le brouhaha qui s'était produit après le départ des Lecastelier.

De toutes parts, les questions se croisaient :

— Comment ferait-il pour en donner *un* plus beau l'année prochaine, puisque CELUI de M⁰ Percenoix était le *plus beau dîner du monde ?*

— Projet absurde !

— Équivoque !

— Inqualifiable !

— Non avenu...

— Risible !!!

— Puéril...

— Indigne d'un homme de sens !

— La passion l'avait emporté ; — l'âge, peut-être !

On rit beaucoup. — *L'Introducteur du phylloxera,* qui, pendant le festin, avait fait des mamours à madame Lecastelier, ne tarissait pas en épigrammes :

— Ah ! ah ! En vérité !... Un plus beau ! — Et comment cela ? — Oui, comment cela ?... La chose était des plus gaies !

Il ne tarissait pas.

Me Percenoix se tenait les côtes.

Cet incident termina joyeusement le banquet. Portant aux nues l'amphitryon, les convives, bras dessus, bras dessous, s'élancèrent à la débandade hors de la maison, précédés des lanternes de leurs domestiques. Ils n'en pouvaient plus de rire devant l'idée saugrenue, présomptueuse même, et qui ne pouvait se discuter, de vouloir donner « un plus beau dîner que le plus beau dîner du monde ».

Ils passèrent ainsi, fantastiques et hilares, dans la haie qui les avait attendus à la porte pour avoir des nouvelles.

Puis — chacun rentra chez soi.

Me Lecastelier eut une indigestion épouvantable. On craignit pour ses jours. Et Percenoix, qui ne « voulait pas la mort du pécheur », et qui, d'ailleurs, espérait encore jouir, l'année suivante, du *fiasco* que ferait, nécessairement, son collègue, envoyait quotidiennement prendre le bulletin de la santé du digne tabellion. Ce bulletin fut inséré dans la feuille départementale, car tout le monde s'intéressait au pari imprudent : on ne parlait que du dîner. Les convives ne s'abordaient qu'en échangeant des mots à voix basse. C'était grave, très grave : l'honneur de l'endroit était en jeu.

Pendant toute l'année, Mᵉ Lecastelier se déroba aux questions. Huit jours avant l'anniversaire, ses invitations furent lancées. Deux heures après la tournée matinale du facteur, ce fut un branle-bas extraordinaire dans la ville. Le sous-préfet crut immédiatement de son devoir de renouveler la tournée des amers, par esprit d'équité.

Quand vint le soir du grand jour, les cœurs battaient. Ainsi que l'année précédente, les convives se rencontrèrent aux Promenades, comme par hasard. L'avant-garde fut signalée à l'horizon par les cris de la haie enthousiaste.

Et le même ciel empourprait, à l'Occident, la ligne des beaux arbres, lesquels étaient de magnifiques pieds de hêtre appartenant, par préciput et hors part, à Mᵉ Percenoix.

Les convives admirèrent tout cela de nouveau. Puis l'on entra chez monsieur et madame Lecastelier, et l'on pénétra dans la salle à manger. Une fois assis, après les cérémonies, les convives, en parcourant le menu d'un œil sévère, s'aperçurent, avec une stupeur menaçante, que c'était le MÊME dîner !

Étaient-ils mystifiés ? A cette idée, le sous-préfet fronça le sourcil et fit, en lui-même, ses réserves.

Chacun baissa les yeux, ne voulant point (par ce sentiment de courtoisie, de tact parfait, qui distingue les personnes de province), laisser éprouver à l'amphitryon et à sa femme l'impression du plus profond mépris que l'on ressentait pour eux.

Percenoix ne cherchait même pas à dissimuler la joie d'un triomphe qu'il crut désormais assuré. Et l'on déplia les serviettes.

O surprise ! Chacun trouvait sur son assiette, — quoi ?... — ce qu'on appelle un jeton de présence, — une pièce de vingt francs.

Instantanément, comme si une bonne fée eût donné un coup de baguette, il y eut une sorte de « passez, muscade ! » général, et tous les « jaunets » disparurent dans l'enchantement d'une rapidité inconnue.

Seul, l'*Introducteur du phylloxera*, préoccupé d'un madrigal, n'aperçut le napoléon de son assiette qu'un bon moment après les autres. — Il y eut là un retard. — Aussi, d'un air gauche, embarrassé, et avec un sourire d'enfant, murmurait-il du côté de sa voisine, quelques vagues paroles qui sonnèrent comme une petite sérénade :

— Suis-je étourdi ! quelle inadvertance ! — J'ai failli faire tomber... maudite poche !... Cependant, c'est celle qui a introduit en France... On perd souvent, faute de précautions... l'on met son argent dans un gousset, par mégarde ; puis, au moindre faux mouvement, — en déployant sa serviette par exemple, — vlan ! crac ! bing ! bonsoir !

Madame Lecastelier sourit, en fine mouche.

— Distraction des grands esprits !... dit-elle.

— Ne sont-ce pas les beaux yeux qui les

causent ? répondit galamment le célèbre savant, en *remettant* dans sa poche de montre, avec une négligence enjouée, la belle pièce d'or qu'il avait failli perdre.

Les femmes comprennent tout ce qui est délicatesse, — et, tenant compte de l'intention qu'avait eue l'*Introducteur du phylloxera*, madame Lecastelier lui fit la gracieuseté de rougir deux ou trois fois pendant le dîner, alors que le savant, se penchant vers elle, lui parlait à voix basse.

— Paix, monsieur Redoubté ! — murmurait-elle.

Percenoix, en vraie tête de linotte, ne s'était aperçu de rien, et n'avait rien eu ; — il jasait, en ce moment-là, comme une pie borgne, et s'écoutait lui-même, les yeux au plafond.

Le dîner fut brillant, très brillant. La politique des cabinets de l'Europe y fut analysée : le sous-préfet dut même regarder silencieusement, plusieurs fois, les trois personnes d'une haute influence, et celles-ci, pour lesquelles la Diplomatie n'avait dès longtemps plus d'arcanes, détournèrent les chiens par une volée de calembours qui firent l'effet des pétards. Et la joie des convives fut à son comble quand on servit le nougat, qui représentait, comme l'année précédente, la petite ville de D*** elle-même.

Vers les neuf heures de la soirée, chaque invité, en remuant discrètement le sucre dans sa tasse de café, se tourna vers son voisin. Tous les sourcils étaient haussés et les yeux avaient cette expression atone propre aux personnes qui, après un banquet, vont émettre une opinion.

— C'est le même dîner ?

44

— Oui, le même.

Puis, après un soupir, un silence et une grimace méditative :

— Le même, absolument.

— Cependant, n'y avait-il pas *quelque* chose ?

— Oui, oui, il y avait quelque chose !

— Enfin, — là, — il est plus beau !

— Oui, c'est curieux. C'est le même... et, cependant, il est plus beau !

— Ah ! voilà qui est particulier !

Mais en quoi était-*il* plus beau ? Chacun se creusait inutilement la cervelle.

On se croyait, tout à coup, le doigt sur le point précis qui légitimait cette impression indéfinissable de *différence* que chacun ressentait — et l'idée, rebelle, s'enfuyait comme une Galathée qui ne voudrait pas être vue.

Puis on se sépara, pour mûrir le problème plus librement.

Et, depuis lors, toute la petite ville de D*** est en proie à l'incertitude la plus lamentable. C'est comme une fatalité !... Personne ne peut éclaircir le mystère qui pèse encore aujourd'hui sur le festin victorieux de Me Lecastelier.

Me Percenoix, quelques jours après, étant plongé dans cette préoccupation, — glissa dans son escalier et fit une chute dont il décéda. — Lecastelier le pleura bien amèrement.

Aujourd'hui, durant les longues soirées d'hiver, soit à la sous-préfecture, soit à la recette particulière, on parle, on devise, on se demande, on rêve, et le thème éternel est remis sur le tapis. On y renonce !... On arrive bien à *un cheveu près,* comme à l'aide d'une 168ᵉ décimale, puis l'x du rapport se recule indéfiniment, entre ces deux affirmations à confondre l'Esprit humain, — mais qui constituent le Symbole des préférences *indiscutables* de la Conscience publique, sous la voûte des cieux :

LE MÊME... ET, CEPENDANT, PLUS BEAU !

CET OUVRAGE, LE DEUXIÈME DE LA
SÉRIE C, IMPRIMÉ AUX DÉPENS DE
LA SOCIÉTÉ DE LA GRAVURE SUR
BOIS ORIGINALE, SOUS LA DIRECTION
DU GRAVEUR ET DE JACQUES ANDRÉ,
A ÉTÉ TIRÉ A CENT SOIXANTE
EXEMPLAIRES NUMÉROTÉS.

EXEMPLAIRE

N° 123

ACHEVÉ D'IMPRIMER SUR LES
PRESSES DE LOUIS KALDOR, A PARIS,
LE 10 JUIN 1927.

POUR

M. PIERRE MIMEREL